Couverture illustrée par Marion Billet

ISBN 978-2-244-41767-7

www.editionslito.com

50 HISTOIRES
À LIRE EN TURBULETTE

50 HISTOIRES
À LIRE EN TURBULETTE

Editions Lito

Une histoire...

50 histoires à lire au pays des tétines et des turbulettes !

Des comptines sur les petits riens,
sur les cornichons, les croque-mitaines,
sur les guilis ou les petits glaçons…

Des histoires de papa, de maman,
de bisous, de bêtises, de matou, de doudous,
de colère, de petit frère…
des histoires de famille !

Des histoires pour rire et faire la fête,
avec des copains, des œufs de Pâques,
des bougies d'anniversaire,
de la galette des rois et des poissons d'avril !

Des histoires de lutins,
de gentilles sorcières ou de petits lapins,
pour la sieste ou pour la nuit,
pour chasser bien loin les cauchemars
et autres grosses bêtes bizarres !

En grenouillère ou en turbulette,
quand vient la nuit,
tous les p'tits bouts disent « oui »
pour une histoire !

Sommaire

Comptines :

Histoires de famille :

Histoires de fêtes :

Histoires pour s'endormir :

Karine-Marie Amiot - Chiaki Miyamoto

Le cadeau de Minette

Ce matin, le facteur dépose un gros paquet pour Minette.
– Ho ! Un cadeau !
Vite ! Minette déchire l'emballage et le carton.

Elle regarde son cadeau de tous côtés :
– Comme c'est beau ! Quel joli chapeau ! dit Minette.
Elle pose son nouveau cadeau sur sa tête et se promène fièrement dans sa maisonnette en chantant : « *Je suis Minette, la petite souris coquette !* »

Papa et maman Souris éclatent de rire :
– Voyons, Minette, ce n'est pas un chapeau, c'est…
Minette fait un bon de souricette et s'écrie :
– Une petite assiette, mais oui !

Justement, maman Souris appelle :
– À table ! Passez-moi vos assiettes, mes chéris.
Minette tend fièrement son petit cadeau.
Tous ses frères et sœurs éclatent de rire.
– Voyons, Minette, on ne met pas du gruyère dans un petit…
Minette fait un bon de souricette et s'écrie :
– Un petit fauteuil, mais oui !

Alors, quand le déjeuner est terminé, Minette prend son petit fauteuil sous un bras, et son livre préféré sous l'autre.
Elle s'en va dans un petit coin bien tranquille.

Bien installée sur son petit cadeau,
Minette tourne les pages.
Sur une image, elle voit un bateau qui joue à cache-cache avec les poissons.

Alors Minette se dit :
« Tiens ! Mais, mon petit cadeau est peut-être un bateau ! Quand j'aurai un peu grandi, on partira loin dans la mer, mon petit cadeau et moi… »

Soudain, Minette a très envie de faire pipi. Elle regarde son petit cadeau de tous les côtés. « Mais non, tout de même… Ce n'est pas très poli de faire pipi dans un si joli cadeau. » Alors, zou ! Elle fait pipi juste à côté de… son petit pot !

Claire Astolfi - Malorie Laisne

J'ai grandi

Aujourd'hui, maman a ouvert mon placard. Elle a sorti un pantalon bleu, un tee-shirt rouge et des chaussettes à pois.

Elle m'a enfilé le tee-shirt et les chaussettes. Et puis elle m'a dit :
– Accroche-toi, je te mets ton pantalon.
Je me suis agrippé à ses bras et j'ai enfilé mon pantalon bleu.

Et maman a poussé un drôle de cri, comme quand elle a découvert mon doudou dans les cabinets (c'était pour le laver…).
– Il est trop court ! Tu as encore grandi !

J'ai relevé la tête en souriant et je lui ai répondu :
– Ce n'est pas grave, maman.
Alors maman a souri, m'a pris par la main et nous sommes allés acheter un pantalon plus grand !

Catherine Metzmeyer - Lilidoll

La toute petite sorcière

Il était une fois sur la colline
une petite maison.
– Quel genre de petite maison ?
– Une toute, toute petite maison !
– Et qui habitait dans cette toute,
toute petite maison ?
– Une toute, toute petite sorcière !

Ce jour-là, la toute, toute petite sorcière
descend un chemin tout tire-bouchonné
et arrive dans une clairière
pleine, pleine de champignons.
Des gros, des petits, des ronds.
– *Que de champignons !*
chante la toute, toute petite sorcière,
de quoi remplir toute ma maison !

Mais au fond de la clairière
il y a une tanière.
– Et qui habite dans cette tanière ?
L'ours Grosderrière !

Voilà l'ours Grosderrière qui crie :
– Hé ! toute petite sorcière,
ne cueille pas mes champignons !

La toute, toute petite sorcière
se met en colère :
– Attention, Grosderrière !
Laisse-moi cueillir ces champignons,
sinon je te transforme
en riquiqui petit ourson !

Mais, tout à coup, sort de son trou
une toute, toute, mais toute petite souris.
Aussitôt, la toute, toute petite sorcière
s'enfuit en poussant un cri :
– Au secours ! Une souris !
Elle remonte le chemin
tout tire-bouchonné
pour s'enfermer à double tour
dans sa toute, toute petite maison.
Tant pis pour les champignons !

Pascal Brissy - Amandine Piu

Au revoir, monsieur Cauchemar !

Monsieur Cauchemar n'est pas très gentil. Sans permission, comme ça, il s'invite en pleine nuit. Il grimace. Il s'agite. Il fait aussi de drôles de bruits : BOUH ! Monsieur Cauchemar n'est pas marrant du tout. Il vient chez vous quand ça lui prend, comme ça, quand il veut faire le foufou : YAAAH !

Mais maintenant, ça suffit !
Madame Rêvedoux n'est pas contente du tout. Elle apparaît, *plouf*, comme une fée, et se met à rouspéter :
– Ouste, du balai !
Devant madame Rêvedoux, monsieur Cauchemar a si peur qu'il devient tout petit, tout mini, tout riquiqui… et plouf ! Hé, hé, hé ! Il disparaît !

Marion Stewart - Olivier Huette

Rien

Je bricole, je coupe, je colle.
J'aime aussi mettre du Scotch,
Là, en haut, en bas, devant, derrière…
Un peu partout, je l'avoue.
Alors papa me demande :
– À quoi ça sert ?
Et moi je réponds :
– À rien !

Tralala

Topaze n'était pas un petit garçon très sage : il ne faisait jamais ce qu'on lui demandait !

Sa sœur criait :
– Sors de ma chambre !
Et Topaze répondait :
– Tralala, je n'entends pas !

Son frère disait :
– Ne touche pas à mes jouets !
Et Topaze répondait :
– Tralala, je n'entends pas !

Son papa demandait :
– Va te laver les mains !
Et Topaze répondait :
– Tralala, je n'entends pas !

Un jour, Topaze réclama du gâteau au chocolat
et sa maman répondit :
– Tralala, je n'entends pas !

Agnès de Lestrade - Delphine Vaufrey

Le voyage en parapluie

Un jour de pluie, sur le chemin, Souris trouva un parapluie.

Il pleuvait tellement fort que Souris s'abrita.
« Me voilà bien tranquille, se dit-elle. Je vais faire une petite sieste. »

Un écureuil vint à passer :
– Je peux venir avec toi sous ton toit ? demanda l'écureuil.
Et Souris lui fit une petite place.
Bien à l'abri de la pluie, ils s'endormirent.

Un lézard vint à passer.
– J'en ai assez d'être mouillé ! Est-ce que je peux me réchauffer ?
Souris et Écureuil lui firent une petite place et les trois amis s'assoupirent.

Peu de temps après, ils furent réveillés par Pie. Ses plumes étaient pleines d'eau et elle n'avait pas très chaud.
– Viens ici, il fait doux, dirent Souris, Écureuil et Lézard.
Et les quatre amis s'endormirent.

Soudain, le vent les réveilla :
– Les nuages me cherchent partout ! Puis-je me cacher parmi vous ?
Le vent entra et le parapluie s'envola.

Aussitôt, les quatre amis s'élevèrent dans les airs. Ils passèrent au-dessus des champs et des maisons, s'accrochant de toutes leurs forces pour ne pas tomber.

Le soleil vint à passer.
– Je suis tout mouillé ! Pouvez-vous m'abriter ?
Cette fois-ci, ce fut non.

– Pas question ! cria Souris.
– Trop, c'est trop ! dit Écureuil.
– J'en ai assez ! dit Lézard.
– On est trop serrés ! se plaignit Pie.
– Je rentre chez moi ! dit le vent.

Et le parapluie retomba sur le chemin. Entre-temps, la pluie avait cessé. Dans le ciel, le soleil brillait. Chacun rentra chez soi… Jusqu'à la prochaine fois.

Karine-Marie Amiot - Lucie Minne

Dans la maison de Lorette

Dans la maison de Lorette,
il y a une cuisine, une salle de bains,
la chambre de papa et maman
et la chambre de Lorette.

Dans la chambre de Lorette,
il y a plein de joujoux, un petit vélo
et le lit de Lorette.

Sur le lit de Lorette,
il y a une poupée, des doudous
et une jolie turbulette.

Et dans la turbulette de Lorette…
Il y a…
Devinez quoi ?
Une toute petite souris
qui chatouille les pieds de Lorette
quand Lorette est endormie !

Guili-guili, guili !

Le croque-mitaine

C'est le croque-mitaine
Qui a mauvaise haleine.
Il croque madame, croque monsieur,
Et croque les petits enfants par deux.

C'est le croque-mitaine
Qui a mauvaise haleine.
Il croque Odile et croque tout,
Avec sel, poivre et sucre roux.

C'est le croque-mitaine
Qui court à perdre haleine.
Et moi, pour me croquer,
Faudra m'attraper !

Karine-Marie Amiot - Émile Jadoul

Roudoudou, le petit ours

Roudoudou, le petit ours,
aimerait bien savoir ce qu'il y a
derrière la grande colline.

Pour voir très loin,
il installe sa petite chaise sur le muret,
il grimpe sur le muret,
il se hisse sur la chaise,
il se met debout,
sur la pointe des pieds…

Mais, ouh ! là, là !
Il va tomber…
Papa ours arrive juste à temps
pour le rattraper !

Il dit à son ourson :
– Pour voir très loin,
grimpe sur mes épaules, fiston !

Roudoudou ouvre grand ses yeux et s'écrie :
– Ooh, y a un autre ourson tout là-bas. Il est sur les épaules de son papa ! Et… il me fait coucou avec sa main !

Kochka - Mélusine Allirol

Le gros matou de Mathéo

Il s'appelle Faro, le gros matou de Mathéo, et il n'est pas commode, Faro.
Il ne veut jamais courir avec Mathéo, ni jouer à sauter très haut. C'est parce que c'est un vieux chat.
Alors Mathéo tourne le dos et s'en va.

Mais le soir, quand Mathéo s'assoit devant la télé, quelquefois Faro arrive et grimpe sur le canapé… Et il se couche sur Mathéo… Et comme un petit moteur qui ne veut plus s'arrêter, il se met à ronronner !
Alors, pour ne pas que Faro parte, Mathéo ne bouge plus : il devient une statue… Et il chuchote :
– Je t'aime, vieux chat.

Sophie de Mullenheim - Malorie Laisne

Un doudou pour le doudou

Depuis qu'il est tout petit, Louis dort avec son doudou. C'est un doudou exemplaire qui n'a jamais fait d'histoires. Hier soir, pourtant, alors que Louis dort depuis un moment, son doudou se met à pleurer. Le petit garçon se réveille, très inquiet.

– Qu'y a-t-il ? demande-t-il à son doudou.

– J'ai fait un cauchemar. J'ai peur ! Je veux un doudou !

Aussitôt, Louis sort de son lit pour donner un ours en peluche à son doudou. Rassuré, le doudou se rendort, mais, deux secondes après, l'ours gémit doucement.

– Je veux un doudou !

Lui aussi ! Louis n’en croit pas ses oreilles. Il sort de son lit pour attraper une girafe et la donner à l’ours. L’ours s’endort en souriant, mais, presque immédiatement, la girafe commence à pleurnicher.
– Je veux un doudou !
Encore ! Louis sort de son lit pour donner un chien à la girafe. La girafe se met à ronfler doucement, quand soudain…
Cela ne peut plus continuer. Dix minutes plus tard, en effet, Louis ne peut même plus bouger dans son lit tant il y a de doudous. Alors, il prend sa couette et il va dormir… sur la moquette !

Karine-Marie Amiot - Cécile Hudrisier

Les bisous au chocolat

C'est l'anniversaire de maman.
Titou porte le gâteau avec papa.
Il chante *Joyeux anniversaire*.

« Miam ! » Papa, maman et Titou se régalent tous les trois. Mmm… Comme c'est bon ! Papa tend à maman un gros cadeau. Ooooh… Comme c'est beau !

Titou aussi voudrait bien faire un cadeau à sa maman…
Il court dans sa chambre, mais ne sait pas quoi choisir !
Alors il revient, se jette au cou de sa maman, et lui fait un très gros bisou au chocolat.

Maman serre son Titou dans ses bras et dit :
– Les bisous au chocolat, ce sont mes cadeaux préférés !

Claire Astolfi- Nikao

Dans ma voiture

Dans ma voiture, il y a un bouton qui fait *pouet, pouet* ! C'est le Klaxon.

Dans ma voiture, il y a un bouton qui fait *tic, tic*. C'est le clignotant.

Dans ma voiture, il y a un bouton qui fait *bzzz, bzzz*. C'est la fenêtre.

Dans ma voiture, il y a un bouton qui fait *vroum, vroum* ! C'est le moteur.

Dans ma voiture, il y a un bouton qui fait *dchuu, dchuu*. C'est le chauffage.

Dans ma voiture, il y a un bouton qui fait *pan, pan*. C'est le pot d'échappement.

Dans ma voiture, il y a un bouton qui fait *bip, bip* ! C'est le téléphone de papa.

Dans ma voiture, il y a un bouton qui fait :
– Et maintenant, les prévisions de Bison futé.
C'est la radio.

Ma voiture est pleine de boutons.
Ma voiture est pleine de bruits.

Marion Stewart - Chiaki Miyamoto

Marie-Lou dans la gadoue

Hier, il a plu, mais ce matin le soleil brille. Marie-Lou regarde par la fenêtre : il y a plein de flaques.

– Tout le monde dehors ! dit Marie-Lou en courant chercher ses bottes.

Dans le jardin, elle compte les flaques. « Une, deux, trois ! » Elle choisit la plus belle et met ses pieds dedans.

– Celle-ci n'est pas assez profonde : je vais essayer celle-là.

Et Marie-Lou change de flaque. Avec un bâton, elle remue la flaque. Oh, la belle gadoue !

– Je vais faire une soupe à la gadoue. D'abord je remue, ensuite je touille et j'ajoute des cailloux, dit Marie-Lou. Il faut encore une pincée d'herbe, deux fourmis écrasées et trois cuillerées de feuilles pourries. Voilà, c'est prêt. Doudou, viens manger !

Drôle de sieste !

D*ing, dong, ding* ! Il est trois heures : l'heure de la sieste, l'heure d'un bon gros dodo pour Biscotte, le chien, qui frétille déjà de plaisir. Il fait si chaud ! Sans attendre, il s'allonge dans sa niche – un trésor de fraîcheur. À peine a-t-il fermé ses mirettes que… *toc, toc, toc* !

– Coucou ! dit Ronron, le chat. Il fait si bon chez toi… Je ferais bien un petit somme avec toi.
Et Biscotte se pousse un peu. À peine les deux ont-ils fermé les yeux que… *toc, toc, toc* !

– Hello ! dit Tortillon, le cochon. Il fait si bon ici… Je ferais bien un petit somme avec vous. Biscotte et Ronron se serrent un peu. À peine les trois ont-ils fermé les yeux que… *toc, toc, toc* !

– Salut ! dit Plumette, la poule. Il fait si bon ici… je ferais bien un petit somme avec vous. Biscotte, Ronron et Tortillon se tassent un peu. À peine les quatre ont-ils fermé les yeux que… *toc, toc, toc* !

– Bonjour ! dit le minuscule poussin Pupuce. Il fait si bon ici… Je ferais bien un petit somme avec vous.
« Nom d'une croquette ! », se dit Biscotte, un peu agacé. Mais comme il est gentil, il accepte, et tout ce petit monde retient sa respiration afin que Pupuce puisse se glisser dans la niche.

À peine les cinq ont-ils fermé leurs mirettes que… *ding, dong, ding, dong* !

Il est quatre heures : la sieste est terminée. Vite ! Tous les animaux gesticulent – oh ! hisse ! – pour sortir en premier. Biscotte, lui, sort en dernier, car il est épuisé ! Mais quatre heures, c'est l'heure du goûter, et là, pas question de dormir : le goûter, c'est le meilleur moment de la journée !

Béatrice Egémar - Lucie Limont

Mon ours

Mon ours dort très mal quand il est tout seul. Je le sais, je le connais bien.

Il a peur du grand placard qui est au fond de la chambre ; il croit qu'il y a un monstre dedans, c'est bête !

Je lui ai déjà dit qu'il n'y avait rien, je le lui ai même montré, mais ça ne l'a pas rassuré… Mon ours, il est un peu peureux.

Les ours, il faut bien s'en occuper, surtout la nuit, pour qu'ils ne fassent pas de cauchemars.

Alors, le mien, quand je vais me coucher, je le prends dans mes bras, je lui fais des câlins, je lui dis des mots doux, comme ça, il dort comme un bébé… et moi aussi !

Catherine Kalengula - Christine Roussey

Au dodo, papa !

Ce soir, Lili n'a pas envie de dormir. Elle a trop de questions qui lui trottent dans la tête.

– Dis, papa, pourquoi les coccinelles ont des points ?

– Une fois, une coccinelle a eu l'idée de se maquiller. Et comme les autres ont trouvé ça joli, elles ont décidé de se maquiller aussi !

– Dis, papa, pourquoi la lune ressemble à un croissant ?

– Ça, c'est pour les nuages. Lorsqu'ils sont trop fatigués, ils s'allongent sur la lune pour se reposer. Bon, Lili, il est l'heure de dormir maintenant.

– Dis, papa, pourquoi les enfants doivent toujours faire dodo ?

– Parce que sinon, les papas seraient trop fatigués ! Bonne nuit, ma petite fée !

Marion Stewart - Nikao

Les guilis

Ce qu'il y a de plus terrible, c'est les guilis.
Les guili-guili ou les chatouillis,
Quand je suis dans mon lit
On rit, on rit…
Ça donne envie de faire pipi,
Et puis ça fait mal au ventre,
Alors, en riant, je dis :
– Stop, je t'en supplie !
Et quand enfin papa s'arrête,
Moi, je retrouve toute ma tête
Et j'appelle :
– Papa… encore !
Encore des guilis !

Virginie Aladjidi - Mélusine Allirol

Marguerite mange un œuf

Marguerite et sa maman mangent toutes les deux. Mais qu'a fait cuire maman pour accompagner la purée ?

Maman a fait cuire deux œufs.
– Deux œufs au plat ?
– Non !
– Deux œufs brouillés ?
– Non, non !
– Deux œufs durs ?
– Non, non, non !

Marguerite a deviné ! Elle lève sa petite cuillère et dit :
– Des œufs à la coque ! Mmmm…
Maman enlève le petit chapeau de la coquille et souffle pour faire refroidir.
À son tour, Marguerite souffle aussi, pfuuuit…

Et comment s'appelle le petit morceau de pain qui va devenir jaune d'or ?
– Une douillette ?
– Non !
– Une serviette ?
– Non, non !
– Une fourchette ?
– Non, non, non !
Marguerite a deviné ! Elle lève sa petite cuillère et dit :
– Une mouillette ! Mmmm…

Quand maman se lève, Marguerite lui retourne son œuf dans le coquetier.
Elle gronde alors sa maman :
– Tu n'as pas encore mangé ton œuf, maman !

Quelle coquine, cette Marguerite !

Touti le tatou

Touti le tatou trottait gaiement quand, tout à coup, il tombe dans un trou. Un énorme trou.
« Comment vais-je sortir de là ? », se demande le tatou.
Quand Touti entend des pas, il appelle :
– Ohé ! Vous qui passez, pouvez-vous m'aider ?

La tête de la tortue apparaît tout là-haut. Sa voix résonne :
– Comment te tirer de là ? Attends, j'ai une idée. Je vais chercher une liane.
Un long moment après, la tortue revient avec une longue liane. Elle la fait glisser au fond du trou et chacun en saisit un bout.
Mais le tatou est trop lourd et la tortue tombe à son tour.
Maintenant, ils sont deux au fond du trou.

– Ohé, ohé ! Vous qui passez, pouvez-vous nous aider ? reprend le tatou.

La tête du coati apparaît tout là-haut. Ce drôle de raton leur dit :
– Tenez bon ! Je vais vous tirer de là !
Mais le tatou et la tortue sont trop lourds ; le coati tombe à son tour.
Maintenant, ils sont trois au fond du trou.

– Ohé, ohé ! appelle le tatou.
Tout là-haut, plus un seul pas ! Le tatou, la tortue et le coati se demandent bien qui va passer, tôt ou tard.

C'est alors qu'un bruit sourd vient du fond du trou, là, juste derrière eux. Le bruit se rapproche et, soudain, un mur de terre s'écroule aux pieds du tatou. Un long nez apparaît : c'est le tamanoir, étonné.

– Il me semblait bien avoir entendu du bruit au fond de mon couloir !

Maintenant, ils sont quatre.

Quatre à sortir de ce trou par le couloir du grand tamanoir.

Delphine Bolin - Lilidoll

La sieste de la sorcière

Tous les après-midi,
la sorcière s'allonge avec délices
dans son hamac de toiles d'araignée,
suspendu entre deux balais.
Un fantôme est chargé de la bercer ;
un dragon est là pour l'éventer…
Durant deux ou trois heures,
la sorcière ronfle avec bonheur !
Ne la réveillez surtout pas,
elle n'aimerait vraiment pas ça :
hier, pendant qu'elle dormait,
son chat lui a chatouillé le nez
et l'a fait éternuer.
La sorcière s'est réveillée très fâchée :
la sieste, c'est sacré !
Elle a jeté un sort au chat,
et l'a changé en barbe à papa !

Les trois sorcières

Trois sorcières frappent à ma porte.
Toc, toc !
– Qui est là ?
– C'est la sorcière Dublabla !
Toc, toc !
– Qui est là ?
– C'est la sorcière Charabia !
Toc, toc !
– Qui est là ?
– C'est la sorcière Taratata !
Les trois sorcières crient :
– Ouvrez la porte !
Cric, crac (faire le geste d'ouvrir la porte et dire aux sorcières)
– Ouste, du balai !
Les sorcières s'enfuient, effrayées.

Karine-Marie Amiot - Chiaki Miyamoto

Petit Éléphant veut sa maman

Petit Éléphant est tout grognon.

– Tu veux jouer au ballon ?
lui propose papa Éléphant.
– Non !
Petit Éléphant fait « non » avec sa trompe.

– Tu veux un bonbon ?
lui propose papa Éléphant.
– Non !
Petit Éléphant fait « non » avec sa trompe.

– Tu veux ton doudou ?
lui propose papa Éléphant.
– Non !
Petit Éléphant fait « non » avec sa trompe.

Papa Éléphant réfléchit :
– Alors, au lit !
– Non ! crie petit Éléphant.

Soudain, la porte s'ouvre.
C'est maman Éléphant !

Petit Éléphant se jette dans ses bras et dit :
– Je veux ma maman !

Catherine Kalengula - Olivier Huette

La petite grosse colère

Aujourd'hui, Romain est de mauvaise humeur. Quand il s'est levé ce matin, il était déjà fatigué. Et maintenant, il voudrait juste avoir la paix. Il prend une feuille et se met à dessiner sur la table basse du salon. Son petit frère Arthur s'assoit à côté de lui sur le tapis. Arthur prend le feutre violet, mais Romain crie :

– C'est le mien !

Très en colère, Romain jette les feutres par terre. *Patatras !* Arthur commence à pleurer. Et la colère de Romain s'envole d'un coup. Il ne comprend pas pourquoi il s'est énervé. Tout désolé, il va ramasser les feutres qui sont tombés. Il voudrait trouver quelque chose pour se faire pardonner…

– Arthur, tiens, je vais te faire un beau dessin…

Romain lui fait un gros bisou, et tout est oublié…

Kochka - Amandine Piu

Le sale Petit Léonard

Le doudou de Mathéo
s'appelle Petit Léonard.
Au toboggan et à la balançoire,
il est le champion du square !
Mais, à force de faire la foire,
il est de plus en plus noir,
et en plus il sent mauvais !
La maman de Mathéo l'installe
dans la machine à laver.

La machine commence à tourner…
Tête en haut, tête en bas,
il est champion, Léonard !
C'est le doudou le plus courageux du square !

Quand la machine est arrêtée,
Mathéo le sort par la queue :
il n'est plus du tout crasseux !
Il est beau et parfumé,
comme une petite fleur des prés…

Sophie de Mullenheim - Marie Mahler

Le serpent qui veut des bottes

Théophile, le serpent, veut des bottes. Mais un serpent – tout le monde le sait –, ça n'a pas de pieds !

– C'est idiot, un serpent avec des bottes ! lui dit le bottier.

– Je veux des bottes ! répète Théophile.

– Pourquoi ? lui demande le bottier.

– Parce que… ça me botte !

Le bottier n'a jamais vu un serpent aussi têtu. Mais un client est un client. Il entre donc dans son atelier et en revient avec une botte. Une seule botte, assurément, puisqu'un serpent n'a pas de pieds. Aussitôt, Théophile se glisse dedans. Eh bien, figurez-vous que sa botte lui va… comme un gant !

Chevrette et le chou

Chevrette fait la tête !
Chevrette ne veut pas manger :
elle tape du pied.

Maman Chèvre dit :
– Voyons ! Goûte un peu !
Du petit pot à la carotte… C'est délicieux !
Mais Chevrette boude et n'ouvre pas la bouche.

Maman Chèvre se frotte la barbichette
et ouvre un autre petit pot.
– Goûte un peu ceci :
du petit pot au céleri, c'est exquis !
Mais Chevrette boude et n'ouvre pas la bouche.
Elle claque sa queue dans la poussière.
Maman Chèvre dit :
– Voyons, ce ne sont pas des manières…

Maman Chèvre se frotte la barbichette
et ouvre un troisième petit pot.
Maintenant, elle prend son air sévère :
– Ouvre grand ta bouche !
Voilà du petit pot à l'artichaut.
Le petit pot préféré de tous les bébés !

Cette fois-ci, Chevrette ouvre grand sa bouche !
Pas pour manger… Non, non, non !
Mais pour crier :
– C'huis plus un bébé !
Et zou !
En trois coups de dents, elle dévore le gros chou que maman Chèvre avait prévu pour son déjeuner.

Maman Chèvre est bien ennuyée !
Pour son déjeuner, il lui reste :
- un petit pot à la carotte. Bof !
- un petit pot au céleri. Bof, bof !
- et un petit pot à l'artichaut. Bof, bof, bof !

Delphine Bolin - Malorie Laisne

Le vœu

Il fait nuit… À pattes de velours, Croque-Chou quitte le terrier…
– En route ! Je vais trouver une étoile filante pour faire un vœu ! Mon vœu sera de pouvoir manger des sucettes à la carotte quand je veux !… Non, ce sera de faire le tour du monde ! À moins que…

Le museau en l'air, le petit lapin avance droit devant… *Sploutch !* Croque-Chou tombe dans la mare aux cochons !
– Beurk ! Ça sent mauvais ! Je vais faire le vœu… de ne plus être maladroit !

Le museau toujours en l'air, il se remet en marche… *Wizzz*, Croque-Chou glisse et roule dans les orties ! *Aïe ! Ouille !* Ça pique !
– Oh ! là, là ! Mon vœu sera d'être plus chanceux, je crois…

Croque-Chou monte dans un arbre.
– De là-haut, je trouverai plus vite mon étoile !
Crac ! Une branche se brise ! La chute est rude !
– *Ouille !*… Mon vœu sera… de ne plus avoir mal quand je tombe !

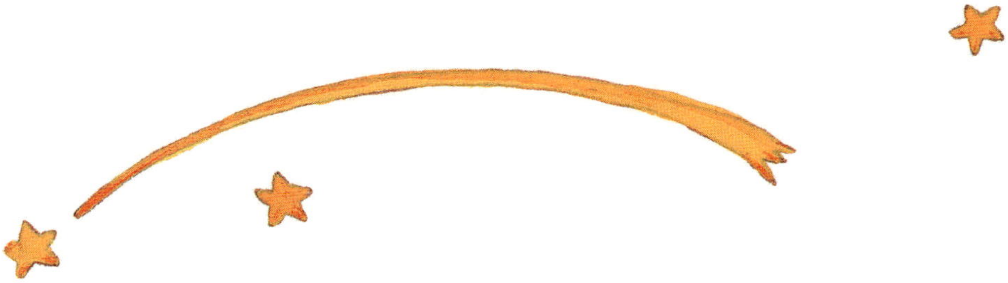

Croque-Chou se relève et se retrouve museau à museau avec sa maman…
Elle a un drôle d'air… C'est sûr, elle est en colère !
– Petit désobéissant ! Rentre au terrier : tu es privé de sortie jusqu'en janvier !
– Mais, maman, je cherche une étoile filante…
– Une étoile filante ?
– Pour faire un vœu, pardi ! Le vœu de n'être plus jamais puni…

Soudain, une lueur traverse la nuit : une étoile filante !
– Vite ! Mon vœu, c'est… c'est… hésite Croque-Chou.
Il sourit : ça y est, il a trouvé !
– Mon vœu, c'est de voir plein d'étoiles filantes pour faire plein de vœux tout le temps ! s'écrie le petit lapin en bondissant.

Catherine Kalengula - Lucie Minne

Le grand concours des mamans

Ce matin, dans le bois de Toutlaba, les bébés insectes discutent à vive voix.
– Ma maman, c'est la plus belle ! dit la petite libellule. Quand elle vole dans le ciel, tout le monde s'émerveille !
– Ma maman, c'est la plus forte ! dit le bébé scarabée. Avec sa tête, elle peut tout transporter !
– Ma maman, dit la guêpe, tout le monde la respecte. Et quand elle rouspète, tout le monde se cache dare-dare.
Tous les bébés regardent alors un petit escargot qui n'a pas encore dit un mot.
– Eh bien moi, dit le petit escargot avec sa petite voix, ma maman, euh… c'est ma maman chérie ! Voilà tout ! Et ça me suffit !

Zazou, la petite sorcière

Dans une belle marmite de sorcière, Zazou prépare une vraie potion magique. D'abord, elle met trois petits cailloux, deux grenouilles, du pipi de fourmi et une citrouille.
Toute seule,
Zazou mélange bien comme il faut,
avec le manche de son balai.

Et quand c'est prêt, Zazou appelle :
– À table, maman !
Viens goûter ma potion magique !
Maman sorcière fait une drôle de grimace et dit :
– Miam… Ça sent drôlement bon !

Zazou est très coquine.
Elle éclate de rire :
– Berk ! Moi, je n'en veux pas…
Je préfère le gâteau au chocolat !

Marthe Platz - Delphine Vaufrey

Histoire de cornichon

Sur l'étagère du haut,
Un grand pot de bonbons ;
Sur l'étagère du bas,
Un pot de cornichons.
Sur l'étagère du haut,
Des truffes en chocolat ;
Sur l'étagère du bas,
De la pâtée pour chat.
J'ai pris un escabeau
Pour monter tout en haut.
Quand j'ai tendu les bras
Vers les bons chocolats,
Mon corps a basculé
En avant, en arrière ;
Je me suis accroché
Au bord de l'étagère
Et je suis tombé avec :
Le grand pot de bonbons,
Les truffes en chocolat,
Le pot de cornichons
Et la pâtée pour chat.
Papa est entré, il a crié :
– Quel cornichon, celui-là !
Le cornichon, c'était moi !

Virginie Hanna - Amandine Piu

Pâques patraque

Pâques à l'attaque,
Les enfants, prenez vos sacs,
Charlotte saute dans ses bottes,
Prête à faire sa récolte,

Au fond de nos jardins,
Dans les buissons et les sapins,
Tout est bien caché,
Des lapins et des poules chocolatés,

Christophe voit un œuf,
Aussi gros qu'un bœuf,
Un lapin de nougat,
Aussi gros que Thomas,
Un coq et une poulette,
En chocolat à la noisette,

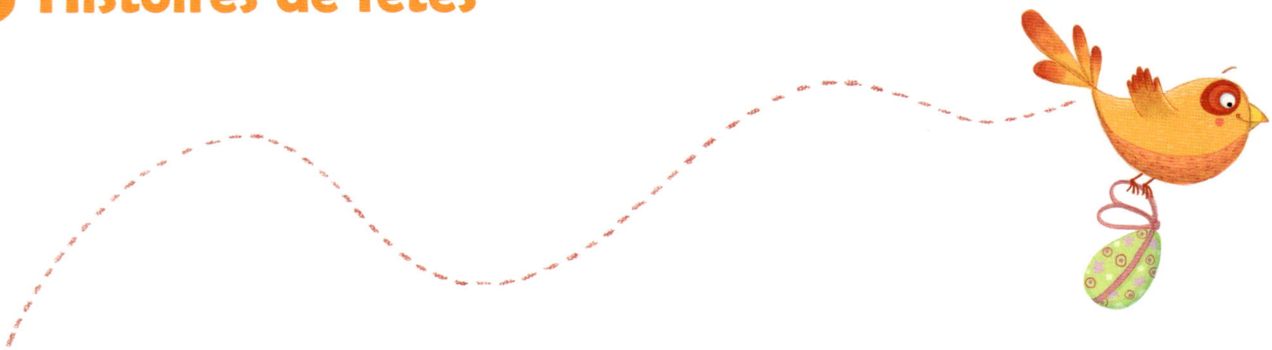

Aimé en a tellement rêvé,
De toutes ces gourmandises sucrées,
Qu'il n'a pas envie de partager,
Et Alizée veut s'empresser de se régaler,

Oui, mais…

Aïe ! Ouille ! Maintenant,
Ça ne va plus vraiment,
C'est Pâques patraque,
Car nos ventres sont en vrac !

Pascal Brissy - Nikao

Le roi Raplapla

Le roi Raplapla a du tracas…
Il n'aime plus les petits pois !

Le roi Raplapla a du souci…
Il n'aime plus les salsifis !

Le roi Raplapla fait la tête…
Il doit vider son assiette !

– Oh ! là, là ! roi Raplapla…
Mais pourquoi tu ne manges pas ?

– Oh ! là, là ! roi Raplapla…
Sinon tu ne grandiras pas !

Le roi Raplapla est embêté…
Il doit dire son secret !

– Sa Majesté ? Vas-tu finir ton assiette ?
– Non, non, non, car, en cachette…
j'ai mangé toute la galette !

Catherine Metzmeyer - Marie Mahler

À la ferme !

« Cot, cot, cot », la poulette caquette. « Pip, pip, pip », la souris sort de son abri.

Le chat est sur la barrière.
Le dindon relève sa crête.
La vache dort dans le pré.

– Coin, coin, coin !
À la mare, mes canetons !
cancane maman Cane.
Ne vous éloignez pas du chemin.
Tenez-vous bien droits
et suivez-moi.

Maman Cane est très fière :
ses trois petits entrent
dans l’eau claire.

– Léon, Léon, attention ! braille le paon.
Le renard se cache dans les joncs !

– Miaou, miaou, miaule le chat.
– Ouah, ouah, aboie le chien.
– Crou, crou, roucoule le pigeon.
Mais ce n'est pas tout !
– Cocorico, chante le coq.
– Meuh, meuh, meugle la vache.
– Bêê, bêê, bêle le mouton.
– Hi, hi, hennit le cheval.
En avant, les cris !

Youpi !
Le renard s'enfuit.

Concerto pour salle d'eau

Bruit de gouttes d'eau,
Sur les carreaux,
Do, ré, mi, fa, sol, la, si, do !

Petit trémolo,
Dans les tuyaux,
C'est le chant de l'eau.

Des ronds de mots,
Dans mon lavabo,
Marquent le tempo.

Diminuendo ! Diminuendo !
Tapote le cachalot :
Les clapots sonnent faux !

L'eau monte trop haut !
Ce n'est plus un concerto,
Mais un dégât des eaux !

Karine-Marie Amiot - Barbara Martinez

Un bisou pour Polochon

Polochon, le petit hérisson, est tout triste. Il pleure dans son doudou :
– Personne ne m'aime ! Personne ne veut me faire de bisou !

L'écureuil lui dit :
– C'est à cause de tes piquants !
Le petit lapin continue :
– Tu piques comme un cactus !

Polochon pleure de plus belle…

Quand, soudain, un joli papillon vient tourbillonner autour de lui.
Il chantonne :
« Je sais, moi, où tu n'as pas de piquants !
Sur le bout du nez ! »
Et *zou !* Il se pose sur le nez de Polochon…
C'est doux comme un bisou…
Polochon est tout content :
son chagrin s'est envolé !

Bravo, Boris !

Dans la famille de Boris, on est dompteur de père en fils.
Papa Léon dresse des lions ;
tonton Prospère, des panthères,
et cousin Constant, des éléphants.

Pour ses cinq ans, Boris recevra un animal, qu'il dressera pour la « piste aux étoiles ».

– Si je domptais un scarabée ? propose Boris, inquiet.
– Mon fils, tu n'y penses pas ! dit papa Léon. Dompte plutôt un scorpion !
– Sinon, j'ai pensé à une petite mouche, propose Boris, effrayé par les grosses bêtes avec des dents plein la bouche.
– Mon neveu, tu n'y penses pas ! dit tonton Prospère. Dresse au moins une vipère !

Le jour de ses cinq ans, Boris reçoit un petit carton. Il tremble des pieds à la tête rien qu'à l'idée de découvrir la bête :
– C'est un petit chien ! Il est trop mignon ! Je vais l'appeler Gaston.

– Gaston, saute ! dit Boris.

– Gaston, donne la patte !

– Gaston, ris !

Et Gaston obéit.

Un jour, le numéro est prêt. Boris et Gaston font leur apparition sur la piste, comme les vrais artistes.

– Gaston, saute ! ordonne Boris.
Mais Gaston tremble tellement qu'il file se cacher sous un banc.

– Gaston, donne la patte !
Mais Gaston a tellement peur qu'il fait pipi…
Quel malheur !

– Bravo, Boris ! crient les enfants.
Le public rit aux éclats en hurlant :
– Encore une fois !

Finalement, Boris est devenu clown ! Avec Gaston, ils ont tellement de succès qu'on vient les voir du monde entier.

Olivier Lhote - Christine Roussey

Mamie sauve Doudou

Ça fait longtemps que Mousse le chien renifle le doudou de Raphaëlle.
Un jour, elle le laisse tomber du youpala.
– Maaaamiiiiiiie, crie la petite fille.
Mais mamie arrive trop tard et Mousse se sauve, la peluche entre les dents.
« Cette oreille est vraiment délicieuse », pense le toutou.
– Mousse, viens ici, ordonne mamie Toinette. Rends-moi Doudou.
Le gourmand se dépêche.
– Vite, je vais goûter les yeux avant qu'on m'attrape.
Grand-mère capture Mousse et récupère le nounours.
– Raphaëlle, j'ai sauvé Doudou.
Mais la fillette est bien triste :
– Doudou n'a plus ses yeux, il ne verra plus que je l'aime, dit-elle. Avec une seule oreille, il n'entendra plus mes secrets. Et puis, il sent mauvais.

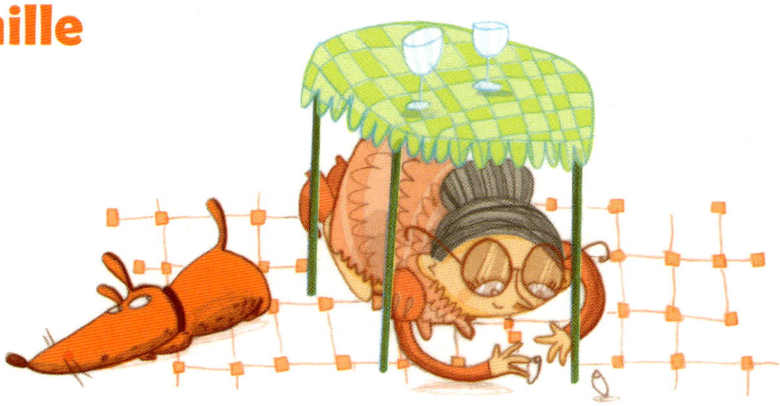

Mamie Toinette doit agir ! À quatre pattes sous la table, elle retrouve les yeux de Doudou et son oreille. Elle installe sur ses genoux le grand blessé et commence l'opération.
Hourra ! l'intervention s'est bien passée. Il ne reste qu'à laver le malade.
– Et voilà ! dit mamie Toinette. Doudou est tout neuf.
Raphaëlle rit de bonheur. Elle murmure à nouveau des secrets à Doudou qui sent bon le savon.

Jeanne Taboni Misérazzi - Mélanie Grandgirard

Les bras de maman

La maman de la petite Maria disait souvent que si elle avait cinquante bras elle pourrait faire ceci, cela et encore plus que ça !
Un matin, c'est ce qui arriva quand elle se réveilla. Elle se leva et constata qu'elle avait cinquante bras. Elle n'en revenait pas !
Tout de suite, c'est la petite Maria qui en profita :
– Fais-moi ceci maman, fais-moi cela !
Puis toute la famille s'en mêla
Et trouva que c'était vraiment extra
d'avoir une maman avec cinquante bras.

Hélas, au bout d'un moment,
maman, qui faisait cinquante choses à la fois,
se retrouva les bras ballants.
Et là, elle sentit qu'ils étaient vraiment encombrants ! Elle essaya de les croiser, mais c'était compliqué !

Elle essaya de ne plus les baisser, mais c'était difficile de les tenir toujours levés !

À la fin de la journée, quand elle se coucha, elle espéra retrouver, le lendemain, uniquement ses deux bras !
Et finalement c'est ce qui se passa, sans trop savoir pourquoi !

À partir de ce jour-là, maman ne dit plus jamais qu'elle voulait avoir cinquante bras !

Et ses enfants, Maria, Célia, Fatima et Lucas, trouvèrent qu'il était bien plus simple d'aider maman et d'avoir ensuite le temps de se retrouver entre ses deux bras !

Catherine Metzmeyer - Delphine Vaufrey

Lilirose compte les nuages

Allongée dans l'herbe sèche,
Lilirose regarde le ciel.
Là-haut, tout là-haut.

Quelque chose la chatouille.
Mais elle ne bouge pas.
Lilirose compte les nuages.

Et un deux trois
Petits moutons blancs.
Et un deux
Grands éléphants gris.
Et… un gros hippopotame tout noir !

Alors, Lilirose se dit :
« Vite, debout. Il va pleuvoir. »
Dans le vent et sous la pluie,
Lilirose court le long du chemin,
Vite, très vite.

Mille gouttes la mouillent.
Mais elle ne s'arrête pas.
Lilirose compte les bruits.

Et un deux trois
Coups de tonnerre !
Et un deux
Chiens qui aboient !
Et… une porte qui s'ouvre !

Et, enfin, la voix de maman qui s'écrie :
– Entre vite, ma chérie !

Karine-Marie Amiot - Émile Jadoul

Petit Pablo

À la maison, quand il faut ranger,
tout le monde aide maman…
sauf petit Pablo, qui renverse tout.
Et tout est à recommencer !

Quand c'est l'heure du bain,
tout le monde se lave sans histoire,
sauf petit Pablo, qui éclabousse tout !
Et voilà maman fâchée !

Quand c'est l'heure du dîner,
tout le monde mange sa soupe,
sauf petit Pablo, qui renverse son verre
dans l'assiette de son frère.
Et maman crie :
– Vous allez tous être punis !

À la maison, tout le monde en a assez, de ce petit frère casse-pieds !

Alors, pour se faire pardonner,
avant d'aller se coucher,
Petit Pablo fait un gros bisou à chacun.
Et, cette fois-ci, tout le monde est d'accord :
– On l'adore, ce petit Pablo !

Marthe Platz - Cécile Landowski

Un petit glaçon

Tic, tic, tic,
Un petit glaçon
Pendu au plafond

Tic, tic, tic,
Un petit glaçon
Tout petit qui fond

Tic, tic, tic,
Ainsi fond fond fond
Un petit glaçon.

Zemanel - Marion Billet

Orang-Outan fête ses trois ans

Demain, c'est un jour important pour Orang-Outan. Trois ans, cela n'arrive pas souvent, juste une fois. Alors il prend un crayon pour organiser tout ça.
Il prépare sa liste d'invités.
Trois ans, c'est sérieux ; il ne s'agit pas d'inviter n'importe qui et de faire n'importe quoi.

Gaëtan, l'éléphant, est un peu trop maladroit.
Il casserait tout chez moi.
Donc, il ne viendra pas.

Pistache, la girafe, est une grande timide. Elle ne parle même pas et sa tête dépassera du toit.
Je ne veux pas de cette invitée-là.

Edmond, le lion, est bien trop effrayant, toujours à faire peur avec ses rugissements.
Tout le monde va trembler et s'enfuir en le voyant.

Gustave, le macaque, est beaucoup trop farceur ; il ne sait pas s'arrêter.
Ça va m'énerver ; il faut l'oublier.

Polo, le corbeau, chante un peu faux.
Et pour un anniversaire, ce n'est pas très beau.

Sur la feuille de papier, Orang-Outan barre tous ceux qui ne seront pas invités.
Et quand il a terminé, sa liste est vide : il a tout rayé. Pour son anniversaire, il sera tout seul, c'est décidé. Trois ans, c'est important ; il ne s'agit pas de tout faire rater à cause d'un invité.

Ça y est, c'est le grand jour ! Tout est prêt : les bonbons, les cotillons, les boissons, les jeux, les déguisements et surtout le gâteau. Il a même pensé aux cadeaux. Et à des instruments de musique pour faire un orchestre.

Orang-Outan est content, mais pas bien longtemps, car il s'ennuie rapidement.

Un anniversaire tout seul, ça n'a pas de sens, c'est triste.

Alors il prend le gros tambour et appelle tous ceux qui veulent bien venir.
Et ils arrivent ! L'éléphant, la girafe, le lion, le macaque, le corbeau et beaucoup d'autres.
Et, croyez-moi, ce fut un sacré anniversaire. Bien sûr, il y a eu quelques assiettes brisées, des rugissements effrayants, des farces exagérées, des chansons un peu massacrées, mais c'était ça justement qui était plaisant. Et tout le monde s'est amusé, y compris Pistache, la girafe.
Orang-Outan se souviendra de ses trois ans.
Une chose est sûre : quand il y a un anniversaire à fêter, il vaut mieux avoir des invités si on veut s'amuser !

Catherine Kalengula - Lilidoll

Drôle de blague !

Ce matin, en se levant, Soline enfile ses chaussons. Mais ses pieds nagent dedans. On dirait qu'ils sont devenus trop grands ! Soline décide d'aller prendre son petit déjeuner. Étonnée, elle regarde ses parents.

– Maman, tu as mis le pyjama de papa ! Papa, tu es en chemise de nuit ! Et pourquoi t'as mis des bigoudis ?

Soline n'y comprend rien. Et voilà que sa maman lui donne une tartine au pâté ! Elle lui sert même de la soupe dans un verre à pied !

Dégoûtée, Soline soulève sa tartine… et y découvre un petit poisson en papier.
– Poisson d'avril ! crient ses parents en rigolant.
Soline rit aussi. Eh oui, les blagues, les grands en font aussi !

Delphine Bolin - Cécile Hudrisier

Les bêtises d'Eugénie

Ce matin, maman fait les gros yeux…
– Qui a mangé tous les chocolats pour l'anniversaire de tatie Anna ?
– Pas moi ! déclare Eugénie en se léchant les doigts.
Hou ! là, là ! Bêtise ! Eugénie va être punie !
Elle rougit et promet :
– Je ne le ferai plus, maman chérie. Promis !
Un bisou sur la joue. La voilà pardonnée !

À midi, maman fronce les sourcils…
– Qui a coupé les poils du chien à ras ?
– Pas moi ! déclare Eugénie en cachant les ciseaux derrière son dos.
Hou ! là, là ! Bêtise ! Eugénie va être punie !
Elle rougit et promet :
– Je ne le ferai plus jamais !
Un bisou sur la joue. La voilà pardonnée !

À l'heure de la sieste, maman fait une drôle de tête…

– Qui a ouvert le poulailler ? Les poules courent partout dans la cour !

– Heu… pas moi, hésite Eugénie. C'est Augustin, c'est certain ! Regarde ! Les poules sont contentes de se dégourdir les pattes ! Couchées dans la paille, elles avaient l'air… patraques !

Mais Augustin est encore un bébé… Comment aurait-il pu aller jusqu'au poulailler ?

Hou ! là, là ! Bêtise ! Eugénie va être punie !

Elle rougit et s'excuse :

– Je ne le ferai plus, c'est sûr !

Un bisou sur la joue. La voilà… presque pardonnée ! Cette fois, maman est très fâchée ! Il faut rattraper toutes les poules ! Quelle course !

Le soir venu, maman devient soudain toute rouge…

– Qui a maquillé bébé Augustin ?!

– Pas moi, déclare Eugénie, un tube de rouge à la main.

Hou ! là, là ! Bêtise ! Eugénie va être punie ! Elle rougit et promet :

– C'est la dernière fois, maman chérie !

Un petit bisou sur la joue, mais maman est encore fâchée. Cette fois, Eugénie est punie !

– Eugénie, dit maman. Au coin ! Et pas question de jouer aux marionnettes avec tes petites mains ! Les bêtises, ça suffit ! Les mensonges aussi !

La punition est méritée. Eugénie le sait.

– Oui, maman…

Dans son petit coin, Eugénie réfléchit… Quand la punition sera levée, elle ira au lit… mais pas pour dormir ! Ça, non alors !
Avec son petit drap, elle se déguisera en fantôme ! Elle pourra hanter la chambre d'Augustin et ce sera très drôle !
Décidément, Eugénie, quelle imagination… !

Zemanel - Mélanie Grandgirard

La galette sans roi

Tiens, tiens ! Qu'elle est belle, la galette
dorée ! Je me cache sous la table.
Maman la coupe, très appliquée ;
Je donne les noms ; papa distribue les portions.
Une part pour mon frère,
une autre pour ma sœur.
Une pour mon père, une autre pour ma mère
Une encore pour moi et une qui reste là,
dans l'assiette, pour celui qui en revoudra.

« *Miam !* » que c'est bon !
On mange, on se régale, on se regarde.
Tiens… pas de fève à l'horizon !

Papa et maman ont terminé,
mon frère et ma sœur aussi.
Encore un dernier effort
et à mon tour j'aurai fini.
Tiens… personne n'a eu la fève.

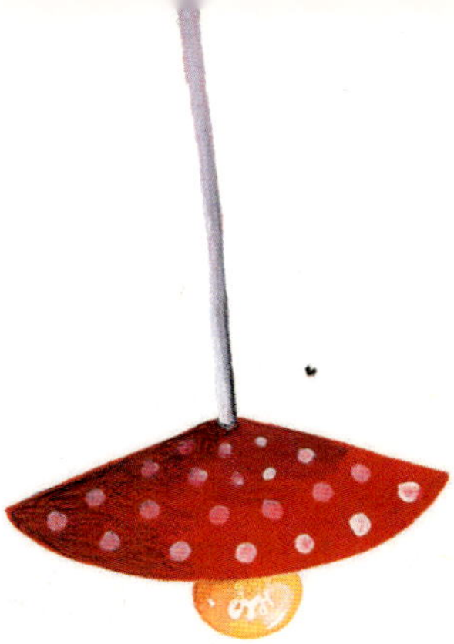

Il reste une part à manger
Mais tous les ventres sont remplis
Personne ne peut plus rien avaler.
Peut-être le chien ? Peut-être le chat ?
Non ! Ça ne se fait pas !
Bon, tant pis, pas de roi pour cette fois.

Tiens… c'est bien la première fois que je vois une galette sans roi. Mais cela ne durera pas.
Car demain, au petit déjeuner,
Le premier qui se lèvera viendra vite la manger. Et le premier… ce sera moi !
Vive le roi !

Marion Stewart - Cécile Landowski

Le déjeuner

Quand arrive l'heure de midi,
Mon estomac crie famine.
Je n'ai plus qu'un mot à la bouche :
– J'ai faim, j'ai faim, j'ai faim !
Et tout à coup je me demande :
« Mais qu'est-ce qu'on mange ? »
Alors je vais voir maman :
Elle me parle d'épinards,
De poisson et de potiron.
Ma maman, pour le déjeuner,
Veut que je mange é-qui-li-bré.
Mais moi, pour me régaler,
Je voudrais bien dévorer
Des frites et des saucisses grillées !

Valérie Rocheron-Oury - Marion Billet

Petit-Bout et les crêpes

Petit-Bout vit dans une ferme à la campagne. Aujourd'hui, c'est la Chandeleur et Petit-Bout voudrait faire des crêpes. Hélas, les placards de la cuisine sont tous vides ! Pas d'œufs, ni de farine, ni de lait !
– Pas grave ! dit Petit-Bout. Il suffit de demander !

Et Petit-Bout, un saladier sous le bras, s'en va…
Au poulailler :
Mesdames les poules, s'il vous plaît
Trois beaux œufs frais
Pour la Chandeleur !
À l'étable :
Mesdames les vaches, s'il vous plaît
Du bon lait tiède
Pour la Chandeleur !
Au moulin :
Moulin, moulin, s'il te plaît
De la farine fine
Pour la Chandeleur !
À la ruche :
Petites abeilles, s'il vous plaît
Du miel de fleurs
Pour la Chandeleur !

À présent, Petit-Bout a tout ce qu'il faut. Et sautent, sautent les crêpes de la Chandeleur !
« Mais je ne vais pas les manger tout seul ! », pense Petit-Bout.
Et un grand panier sous le bras, Petit-Bout repart…

Au poulailler : *Chandeleur ! Par ici les bonnes crêpes !* Et les poules le suivent en caquetant.

À l'étable : *Chandeleur ! Par ici les bonnes crêpes !* Et les vaches le suivent en meuglant.

À la ruche : *Chandeleur ! Par ici les bonnes crêpes !* Et les abeilles le suivent en bourdonnant.

Alors Petit-Bout arrive devant le moulin qui tourne et tourne ses ailes au vent.

– À table ! C'est la Chandeleur !
Et tout le monde déguste les crêpes au miel.

– Merci les amis ! dit Petit-Bout en se régalant. Les crêpes de la Chandeleur, c'est entre amis qu'elles sont les meilleures !

Les poupées russes

Quand elles vont au marché,
les poupées russes,
marchent à la queue leu leu.

Une, deux, une, deux !

La plus grande, très fière,
marche la première,
la deuxième suit la première…
Ainsi vont les poupées russes :
de la plus grande
jusqu'à la toute toute toute petite !

Quand les poupées russes rentrent du marché,
on n'en voit plus qu'une seule…
Et les autres ? Où sont-elles passées ?

Oui, oui, oui !
Ainsi vont les poupées russes :
trois petits tours et les voilà cachées !

Lito - 41, rue de Verdun 94500 Champigny-sur-Marne
Imprimé en UE - Loi n° 49-956 du 16 juillet 1949
sur les publications destinées à la jeunesse
Dépôt légal : août 2009